Minori Kurosaki

Gesangsduo
Buddyz
Ai
Hayate
Ai ist der neue Star einer bekannten Videoclip-Seite. Mit seinem Rivalen Hayate bildet er das Duo Buddyz und wohnt mit ihm in einem Zimmer. In Wahrheit ist er jedoch ein Mädchen.
Auf Online-Plattformen wird Hayate als »Tanzprinz« gehypt. Er ist ein Multitalent, wird aber schnell überheblich. Auch wenn er bei Mädchen gut ankommt, ist er in Sachen Liebe noch unerfahren. Er weiß, dass Ai und Shizuku dieselbe Person sind.
Dieselbe Person!!
Ai Shizukuishi
Ai Shizukuishi ist eine schüchterne Mittelschülerin, deren Talent das Tanzen ist. Sie betrachtet Hayates Tanzstil mit kritischem Blick. Steht Ai Hayate als Mädchen gegenüber, nennt sie sich »Shizuku«.

Buddy Go! Story & Charaktere

Auch »Omi« genannt. Ein cooler Typ. Geht ins dritte Highschool-Jahr.

Hayates großer Bruder. Seit Kindertagen mit Tadaomi befreundet.

Ichigo ist ein zurückhaltendes und braves Mädchen. Sie hat Ai sehr gern.

Momo ist ein heiteres und aufgewecktes Mädchen. Sie hat Gefühle für Hayate.

Aushängeschild der Agentur Ace Idol. Fungiert als Mentor für Buddyz und kennt Ais wahres Ich.

Leidenschaftliche Tänzerin. Sie geht wie Hayate in die 1. Klasse der Highschool.

Ais beste Freundin. Ermutigte Ai, ihre Tanzvideos auf Smido hochzuladen.

Musikproduzentin bei Ace Idol. Möchte, dass Buddyz groß rauskommen.

Als der Popstar Hayate online auf den Amateurtänzer Ai aufmerksam wird, überredet er ihn, zu einem Casting zu gehen. Kurz entschlossen macht Hayates Produzentin aus den beiden das Duo Buddyz. Hayate begreift schnell, dass Ai ein Mädchen ist, und verliebt sich in sie. Als Buddyz mit dem Duo TAg einen Musikvideo-Battle auf die Beine stellen, entstehen neue Koops, aber auch Konflikte. Dass TAg aus Hayates Bruder Ayato und seinem Kumpel Omi besteht, sorgt sowohl für gute Verkaufszahlen als auch für frischen Gesprächsstoff. Als das neue Schuljahr anfängt, wechselt Hayate an Ais Schule, ohne ihr vorher etwas davon zu erzählen. Er findet schnell neue Freunde und hängt viel mit Linne ab, die selbst auch Tänzerin ist. Diese stellt Ai unnachgiebig nach und ist im Begriff, ihr Versteckspiel aufzudecken …

Inhaltsverzeichnis

Suche

10

OL FES
SUPER IDOL FES
SUMMER LIVE TOUR
HAYATE × AI
Buddy Go!
Dance.35

Diese beiden waren einst Odorite*, die sich auf einer angesagten Videoplattform großer Beliebtheit erfreuten.

Die beiden schlossen sich zum beliebten Duo ...

Ai ...

... und Hayate.

*Personen, die eigene Tanzvideos uploaden

Idol-Interview

8. Runde

... Buddyz zusammen. Und heute sind die beiden hier bei mir im Studio!

Hallöchen!

19:55

Heute werden wir eurem Charme auf den Grund gehen!

Es freut uns, hier zu sein!

Popstars live und ungeschminkt!

*kumpelhafte Anrede für Jungen

Äh ... noch ein bisschen mehr ...
... Vertrauen ...
Noch ein bisschen mehr ...?
Was?
»Ich hab gelogen, aber hab bitte etwas mehr Vertrauen in mich!«
GREIF
Äh, also, Vertrauen ist dir wichtig, meinst du?!
...
Das hat er zu mir gesagt ...
Eigentlich gibt es einiges, was ich ihn dazu fragen möchte.

Vertrau-
en ... ist
wichtig ...
Und nun,
als letzte
Frage ...
Gibt es ein
Geheimnis,
das ihr für
euch behaltet
und den Fans
nicht sagen
könnt?!
Was?
SCHÜTTEL
Äääh ...
Ähm ...
Ha ha
ha, so was
wie ein Ge-
heimnis ...
... haben wir
natürlich
nicht!
Klar haben
wir das ...

Nämlich dass ich in Wahrheit ein Mädchen bin ...
Aiii!
Schau mal! Das Ticket für das Fanklub-Konzert ist gestern angekommen!
Das ist ziemlich weit vorne!
Was?
Wenn du was gesagt hättest, hätte ich das doch besorgt ...
Tickets zu kaufen ist eine der großen Freuden eines jeden Fans!
Das lasse ich mir nicht nehmen!

Abgesehen davon, in der Mitte der ersten Reihe zu stehen!
Ja, das ist echt super!
FLUPS
Oha, das Fanklub-Konzert von Buddyz!
Geht ihr zusammen dahin?
Die schon wieder ...
Was ...?

*Anrede für ältere Schüler, Studien- und Arbeitskollegen

Was denkt ihr eigentlich über Ai?
Es kursierte ja mal das Gerücht, er sei ein Mädchen!
Was haltet ihr davon?
Äh ...
DODOMM
Warum fragt sie das ...?

Schaut mal, ich steh ja auf Mädchen, wa?!
Äh ...
Und irgendwie schlägt mein Mädchen-Radar auf den Körperbau von Ai an.
Deswegen kann ich nicht ...
... mit Gewissheit sagen, dass an diesem Gerücht nichts dran ist ...
POCH

Linne!
Was machst du hier bei den Mittel-schülern im Klassen-zimmer?
Die erste Stunde fängt an!

Warum muss ich dir immer hinterher-laufen?!
Waaas? Ich mach doch gar nichts!
Da ist Hayate.
Hayalin*.
Hab ich mich erschreckt ... Die ist ja scharf-sinnig. Aber sie scheint nicht mitbekommen zu haben, dass du in Wirklich-keit Ai bist ...
J... Ja ...
Ah, Hayate ist nur ge-kommen, weil er ihr Klassenka-merad ist!
Ich glaub nicht, dass er an Linne-senpai inte-ressiert ist!
Ja ...
Ich glaube ja fast ...
... dass er mich gerade beschützt hat ...
*kurz für »Hayate und Linne«

Macht Hayate das etwa, weil ...?
Ich hab mich ein wenig über das Mädel schlaugemacht.
Klassenliste
Hiro
Satou, Ayumi
Shizukuishi, Ai
Shimada, Yuri
Suzushiro, Yuki
Shizukuishi, Ai.
Ich hab dir doch gesagt, dass du dich nicht auf dieses Mädchen fixieren sollst!
Die hat nichts mit Ai zu tun!
Soll das etwa Zufall sein?

Na klar ist das Zufall!
Dann beweise es!
Gib mir irgendeinen Beweis dafür, dass das Mädel nicht Ai ist.
Oder dafür, dass Ai kein Mädchen ist.
Wenn du mir keinen Beweis lieferst, lass ich nicht locker.

Ist gut!
Das war heute aber echt seltsam.
Die Frage von Linne-san* und dann noch Hayates Verhalten.
*höfliche, geschlechtsunabhängige Anrede

Ich glaube ja, dass es da einen Zusammenhang geben muss ...!
KWIE
Ich hab doch gesagt, dass ich das nicht will ...
Halt's Maul! Schließlich schuldest du Ai etwas ...
Hayate ...
Wer ist denn da?
KNIPS
KNIPS

BATAMM
Waaah!! Ai-kun, warte!! Es ist nicht so, wie du denkst!
Halt's Maul! Das ist schon okay!
Ey, der denkt doch jetzt sonst was von uns!
Dafür haben wir jetzt keine Zeit! Los, zurück in die Pose!
Das machen Jungs also, wenn sie alleine sind.
Sehr eigenartig.

Details
Vielleicht interpretiere ich da aber auch nur etwas hinein ...
Hier! Da hast du deinen Beweis, dass er ein Junge ist!
FLOPP
Heeey! Was machst du da?!

Und, was machen wir jetzt?
Wie wär's, wenn du mir Ai einfach vorstellst?!
So was lässt sich doch total einfach manipulieren.
KNIRSCH
Aufgeflogen!
Aber ... Er ist doch ein Star, so einfach geht das nicht ...
Dann sehe ich unsere Verhandlungen als gescheitert ...!
Ich mache mich mal wieder auf den Weg zu Ai Shizukuishi ...

Mist!
KRATZ
KRATZ

Ai ...
Linne-san hat mich heute schon wieder über Ai ausgefragt.

Sie sprach davon, dass sein Körperbau dem von mir ähneln würde. Kii-chan* hat dann schnell das Thema gewechselt.
*verniedlichende Anrede für gute Freunde und kleine Kinder
Hat sie es etwa herausbekommen?
...!

Wir müs-
sen Buddyz
gemeinsam
beschüt-
zen.
Schließ-
lich sind
wir Part-
ner.

Deswegen musst auch du mir vertrauen und mir erzählen, was los ist.
Oder nicht?
Da hast du recht.
In solchen Dingen bist du irgendwie ziemlich männlich ...
Und du bist schlecht darin, ein Geheimnis zu hüten.

Weiß Linne-san, wer ich bin?
Ich habe sie über Smido kennengelernt.
Was ist Ai für ein Mensch?
Als wir Buddyz gegründet haben, war sie auf einmal auch an dir interessiert.
Ein Mädchen von gleicher
wurde bei der Agentur
Seitdem diese Bilder verbreitet wurden, fing sie auf einmal an, sich deinen Körperbau genauer anzusehen.
Ich wollte auch vorsichtig sein ...
Ich komme nach Tokyo!
... aber dann hab ich erfahren, dass sie zufällig auf dieselbe Schule wie du gehen wird.
Dann hast du also nur auf meine Schule gewechselt, um zu verhindern, dass ich ... auffliege ...?

Das auch, aber ...
Hayate ...?
Ich wollte vermeiden, dass sie dir zu nahe kommt ...
Aber die Frage ist doch, wie wir ihre Zweifel zerstreuen können.
Ich überleg schon die ganze Zeit, aber mir fällt nichts ein ...
Ich hab auch keine Idee ...
Okay, lass uns den Meister fragen!

Tjaaa! Um die Zweifel komplett zu zerstreuen ...?
Das heißt also, die Nummer mit dem Foto war völlig umsonst ...
Am besten wär's, wenn wir sie Ai als Jungen und als Mädchen zugleich treffen lassen könnten.
Aber das können wir ja nicht!
Treffen geht vielleicht nicht, aber zeigen ...
Ah!
Ach nein, wenn wir das machen ...
Sag schon!
Na ja ...

Schließlich haben wir den ganzen Schlamassel nur, weil dein Fan diese Fotos verbreitet hat!
Schon gut, ich sag's ja!
Ich mach auch mit.
Tut ... mir leid ...
Also zuerst machen wir das ...
... dann das ...
Okay, okay ...
Zepp Tokyo
RAUN
RAUN
buddyz fanclub live +4
buddyz fanclub live +4
buddyz fanclub live +4
buddyz fanclub live +4
buddyz fanclub live +4

Uwaaah! So viele süße Mädchen! ♡
Was für eine Verschwendung, dass die alle Buddyz-Fans sind ...
Aber nun ...
... wo ist denn der VIP-Eingang?
»Es ist zwar unmöglich, Ai direkt zu treffen, aber wenn du willst, kannst du auf unser Konzert kommen.
Wenn du ihn live performen siehst, änderst du deine Meinung vielleicht.«
Auch wenn er das sagt ...
... ist das ja noch lange kein Beweis ...
Oh! Linne-senpai?!

Du bist ja auch da?!
Ah, hat Hayate dich eingeladen?!
Öh, ja ...
Und ihr ... zu zweit?
Ja! Wir sind beide im Fanklub!
Äh, ja ...
Wir gehen dann mal, wir sind ziemlich weit vorne!
Viel Spaß!

Letztens haben sie ja auch gesagt, dass sie ge-meinsam hin-gehen, aber ich dachte, das wär gelo-gen ...
Da sind sie.

Wenn die dort sind und das Konzert jetzt anfängt, dann ...
FLASH
Danke fürs Kommen!
Wir machen diese Nacht für euch zu einer ganz besonderen Nacht!

Macht euch auf was gefasst!
KREISCH

Gleich-
zeitig ...
... am
selben
Ort ...
Also sind sie doch nicht ein und dieselbe Person?!
KREISCH
Soel
Irgendwie ist es traurig. Da steh ich vor dem Mädchen, in das ich verliebt war, in Frauenkleidern ...
JUBEL
Soel-san hat's auch nicht leicht ...

Stimmt, meine Schlussfolgerungen beruhen ja nur darauf, dass sie und das Mädel auf dem Foto von hinten gleich aussehen ...
... und dass ihr Körperbau zum Verwechseln ähnlich ist.
Sie sind nicht dieselbe Person ...
Aber selbst wenn das so ist, kann ich ...

... nicht einfach aufgeben!
Haaach, Buddyz waren fantastisch, oder?
Irgendwann hab ich auch einfach nur das Konzert genossen!
Und jetzt ... muss ich nur noch einmal mit Ai-kun als Mädchen die Plätze tauschen ...
Huch?!
Linne-senpai ist gar nicht mehr da ...

Ich muss schnell zum Mädchen werden ...!
Ai!
SCHOCK

Wie ...?
Lin... ne ...!

Tut mir leid, dass ich dich so überfalle, aber ich bin nicht gekommen, um dein Geheimnis auffliegen zu lassen.
Es gibt etwas, das ich direkt von dir hö-ren will.
Mir ist egal, wer du in echt bist.
Was?! Du hast sie in die Umkleide gelas-sen?!
Ja ... Sie hat gesagt, dass sie mit dir befreun-det ist ...

Ai, kannst du bei Buddyz wirklich dein ganzes Potenzial entfalten?
Willst du es nicht lieber mal mit mir als Partner versuchen?!

BG
DON'T TOUCH!
Buddy Go!
Dance.36

»Ai, kannst du bei Buddyz wirklich dein ganzes Potenzial entfalten?

Willst du es nicht lieber mal mit mir als Partner versuchen?«

Idol-Interview

8. Runde

1. Welches ist dein Lieblingsschulfach?
2. Welches Schulfach magst du nicht?
3. Welches Schulfest magst du am liebsten?
4. Hilfst du bei der Organisation?

Die Fächer, bei denen man vor der ganzen Klasse etwas machen muss.

...!
Nein, will ich nicht!
POCH
POCH
Wie aus der Pistole geschossen
Warte! Lass mich doch erst mal erklären!

Ai, du bist in Wahr...
Das reicht jetzt, Linne!
Was?!
Hayate!
Ähm ...
Ai, vergiss das gerade einfach.
Und verschwinde schnell von hier!
Warte doch mal!

PAMM
Für wen machst du das eigentlich, dass du Ai so hartnäckig vor mir ab-schirmst?
Wenn du ihr vertraust, dann solltest du mich wenigs-tens mit ihr re-den lassen.

Außer-
dem ...
Wenn dir Ai wirklich wichtig wäre, würdest du ihr diese Entscheidung überlassen.
In Wahrheit ist sie doch ein Mädchen.

Trotz alledem tanzt sie auf Teufel komm raus wie ein Junge, nur um es zu verbergen!
Selbst wenn sie es selbst noch nicht gemerkt hat ...
... weißt du es doch schon längst!
Was ...?

Auf Teufel komm raus ...?
Wie ein Junge ...?
Ai, du bist eine gute Tänzerin!
Ich könnte dir ein paar Moves zeigen, die dir dabei helfen, dein wahres Ich zu entfalten.
Schließlich wird dein Körper mit der Zeit immer fraulicher.
Finde dein weibliches Ich wieder!
Du kannst dich nicht für immer belügen!

Denk drüber nach, ob du es mit mir versuchen willst.
Das ist fürs Erste alles, was ich dazu zu sagen habe.
Hayate, gib ihr meine Nummer.

»Du kannst dich nicht für immer belügen!«
Seit diesem Moment habe ich nicht mehr mit Hayate geredet.

»Selbst wenn sie es selbst noch nicht gemerkt hat ...
... weißt du es doch schon längst!«
Ob sie recht hat ...?
Linnes Tanz ...
Ihre Hüften ...
Brüste ...
Beine ...
Sie hat die typischen Rundungen einer Frau ...

Das Be
ben ihre
Rockes ...
Die langen Haare ...
Das al-
les macht sie zu einer Waffe ...
... und wie herrlich sie tanzt ...

Was Mikado gesagt hat ...

»Du bist dabei, die große Chance, als Tänzer zu wachsen, sausen zu lassen.«

Ob es das wohl war ...?

Das kann ich in Ais Gestalt nicht ...

Also ging es Linne-senpai gar nicht darum herauszufinden, wer Ai ist.
Ja, sie meinte, sie wollte direkt mit mir re-den ...
Ach so ... Was wollte sie denn?
...
Kii-chan ...
Glaubst du, dass meine Brust noch grö-ßer wird?
Was?! Äh, ja?! Ja, ja, klar, das wird noch. Bestimmt!

Dann wird das noch ...
Hä? Hab ich was Falsches geantwortet?!
Was hab ich getan?!
Was ist das denn ...?
Ach, es ist doch bald Sportfest, und die üben bestimmt für die Cheerleader-Gruppe.
Linne-senpai ist bei den Cheerleadern ...
Sie ist auch im roten Team ...

Bestimmt hat Linne-san die Choreo ge-macht ...
Voll süß, oder?
Ja.
Ich weiß, wie ich mich bewegen müsste.
Was Linne-san mit dieser Choreo zeigen will ...
... und wie ich es machen müsste, wenn ich an ihrer Stelle wäre ...
... das weiß ich bereits alles.

DODOMM
Ich will auch so tanzen ...
Ai?
Huch?!
Was ist denn los? Du starrst so ...
Sag es nicht ...!

Das eben, sag das Hayate nicht ...!
Hä? Okay ...
...
Was denn?
Was Hayate wohl denkt ...
DODOMM
DODOMM

... darüber, was Linne-senpai gesagt hat ...
BUDDYZ
Cut!
BUDDYZ
Wah?! Ai-kun, was ist denn los? Bist du heute nicht gut drauf?
Hast du etwa nicht gefrühstückt?
BUDDYZ
Versuch einfach, so cool wie immer zu sein! So megacool! Wenn du einfach so tanzen würdest wie immer, reicht das schon.
Also, so wie immer.
So wie immer ...
So cool ...

Wie ging das noch mal ...?
Hm, irgendwie kommt er heute nicht richtig drauf.
Ich hab die Musikvideo-Aufnahmen verschieben lassen.
Ruh dich heute mal richtig aus.
Ja, Entschuldigung.

Wie habe ich denn bisher im-mer ge-tanzt ...?!
»Trotz alle-dem tanzt sie auf Teu-fel komm raus wie ein Junge ...«
Ich kann mich nicht erin-nern ...
Ai-kun scheint nicht in Form zu sein ...
Kannst du als sein Partner nicht irgendwas machen?
Ihn wie immer in die Luft gehen las-sen, oder so?

Wenn ich da irgendwas ausrichten könnte, hätte ich das schon längst gemacht!
Aber diesmal …
PLING
Osteingang
PLONG
Osteingang
096
66
Lasst uns
ller Kra

Erster Platz: Team blau!
Zweiter Platz: Team pink!
Ist alles okay?
Hast du es desinfizieren lassen?
Ja.
Na los!
Gebt alles!
Jedes Jahr fällst du beim Sportfest auf die Nase.
Ich kann es nicht ab, vor Leuten zu laufen ...
Ich will nach Hause.
Ist es echt nur das? In letzter Zeit scheinst du wegen irgendwas geknickt zu sein. Ich mach mir Sorgen.

Es ist das erste Mal, dass ich nicht mehr tanzen kann. Ich weiß nicht, was ich dagegen tun soll ...
Hm ...
KREISCH
Er fällt um!
Wie schnell der ist!
Voll krass!
So was kann nur Hayate! ♡♡

Ich hab ein Video gemacht!
Schick's mir!
Wahnsinn, Hayate ist schon seit dem Morgen in Höchstform ...
Beim Klassenstaffellauf hatte er auch einen Riesenvorsprung ...
Der Unterschied zu mir ist immens ...
Warum wollte Hayate nicht, dass mir Linne-san zu nahe kommt?
Warum nur?
Vielleicht weil das, was Linne-san gesagt hat ...
... wahr ist ...?!
Was sollen wir machen, Linne?
Gleich fängt der Cheerleader-Wettkampf an ...!

Was machen wir bloß? Gibt es keine, die tanzen kann ...?
Hey, was ist denn los?
E
11
Oh, ach ...
Dem Mädchen, das mit Linne-senpai bei dem Cheerleader-Wettkampf zusammen tanzen sollte, ist plötzlich schlecht geworden ...
Die beiden haben eine total schwere Choreo, und es gibt sonst niemanden, der die draufhat ...
Ich kann ...
Ich kenne die Choreo ...

Wenn ich eine Choreografie einmal gesehen habe, kann ich sie auswendig ...
Aber ...
Es geht nicht ...
DODOMM
Ich darf das nicht tun ...
Außerdem hab ich Angst, mich mit diesen Riaju* zu umgeben ...
Ich sollte besser nicht tanzen, glaube ich.
Außerdem hab ich gerade eine Tanzblockade ...
DODOMM
*gesellige Menschen mit erfülltem Alltagsleben offline

Ich darf nicht ...
Äh ...
Ich kann die Choreo tanzen.

Ich kann
mein Herz
...
... nicht
im Zaum
halten ...!
Als Nächs-tes ...
... kommen wir zur Cheer-leader-Gruppe von Team rot.
JUBEL
A
B
C
108

Wow, die Choreografie ist voll schön!
Hey, wer ist das denn, die mit Linne tanzt?!
Hätte ich doch nur bei den Cheerleadern mitgemacht!
Ist die nicht krass gut?!
Also ist sie es doch! Ai!
Woah, die kann sogar Akrobatik!
Wer ist das denn?!
Das rote Team gewinnt doch haushoch!
Team Red Support Leader

WOOOW
WOOOW
Ich wusste ...
... dass dieser Tag irgendwann ...

... kommen würde ...
Ai! Das war fantastisch!!
Hat Spaß gemacht!
Ja, das war total ...
Ai?
Warum machst du ...
... so ein schmerzvolles Gesicht ...?

SCHOCK
Ai!
Ha... Hayate ...
Gib mal dein Handy.
Was ...?
O... Okay ...
Was machst du denn ...?
Ich spei-chere die Nummer von Linne.

Was ...?!
Weißt du ...
... ich will nicht, dass du mir von Linne weggenommen wirst.
Wie ...?
Ich will dich nur für mich alleine ...
... und dich auf keinen Fall gehen lassen.
Deswegen hab ich mich mit Händen und Füßen dagegen gesträubt.
W...
Was ...?!

Wenn ich daran denke, wie sehr du dich noch verbessern kannst ...
... freu ich mich irgendwie total darauf.
Du bist zwar mein Partner, aber eben auch mein Rivale.
Aber als ich dich heute live mit Linne tanzen gesehen habe ...
... lief das viel besser, als ich gedacht hatte ...
Ich würde mich gerne mit diesem Mädchen messen.

Ai, versu-
che es bitte
mit Linne.

Ich wusste, dass dieser Tag ...
... an dem ich ihre Hand freiwillig loslasse ...
Der Tag ...
... kommen würde.

Buddy Go!
Dance.37

Wir beide, die wir uns zunächst nicht ausstehen konnten ...

... sind irgendwie zu richtigen Partnern geworden.

Idol-Interview

8. Runde

Deswegen werden wir bestimmt auch von nun an ...
»Ai, versuch es bitte mit Linne.«
Ich soll mit Linne-san als Partner zusammen ...?

Du weißt es doch selbst, so, wie du heute getanzt hast. Wenn du als Mädchen tanzt, bist du besser ...
Das stimmt nicht ...!
Das hat überhaupt nichts damit zu tun ...
Es ist nicht so, dass ich auf Teufel komm raus versuche, als Junge durchzugehen ...!!
Du und Linne-san behauptet das einfach so!
Ich bin ...
... Ai!

Versteh doch, Hayate ... Wenn ich zu Linne-san gehe, dann ...
KWIE
Ach, hier seid ihr beiden.
Trainiert ihr etwa?
Äh, ja ...
Ai, wie geht es dir? Meinst du, du kannst deine Blockade überwinden?

Uns hat eine interessante Anfrage erreicht. Wenn es nach mir ginge, solltet ihr die annehmen.
Aber wenn es nicht geht ...
Someko-chan, Ai wird für eine gewisse Zeit ...
Das passt!
Ich kann tanzen!
Das ist gar kein Problem!
Ach so?
Das ist doch super!

Ihr seid nämlich zu einem Dance-Festival eingeladen, das von D-Project ausgerichtet wird. Das ist eine Agentur, bei der viele namhafte Tänzer unter Vertrag sind.
Das Herz des Festivals ist übrigens der Dance Battle!
Alle teilnehmenden Tänzer, egal ob Profi oder Amateur, sind derzeit im Fernsehen oder Netz angesagt ...
Für sie wird jetzt ein Grand Prix ausgerichtet.
TAg sind jedoch zu der Zeit auf Tour und können daher leider nicht mitmachen ...
Wenn ihr da gewinnt, dann setzt das eurer Karriere als Dance-Duo die Krone auf.
Ein Dance Battle ...

Wir sind dabei.
Als Buddyz ...!
Wenn wir ge- winnen ...
... wird Hayate vielleicht verste- hen ...
... dass wir einfach so weiterma- chen können wie bisher.

Ai.
Linne-senpai ist hier ...
Ich will sie nicht sehen ...
Es gibt nichts zu besprechen.

TAPP
Nein ...
Hayate macht das mehr so ...
»Trotz alledem tanzt sie auf Teufel komm raus wie ein Junge, nur um es zu verbergen!«
Das muss aufhören. Ich darf mich nicht immer nur an Hayates Moves orientieren.
Aber ... na ja ...
»Finde dein weibliches Ich wieder!«

Er hat zwar behauptet, er habe seine Tanzblockade überwunden ...

... aber irgendwie scheint das nicht zu stimmen ...

Er wirkt auf mich, als würde er sich vor irgendwas fürchten.

Das sehe ich zum ersten Mal in seinem Tanz.

Er ist wie ein Häufchen Elend ...

DOFF
Wah!
Äh, Entschuldigung ...
Ach, was ist denn los, Ai-kun? Was machst du für ein betrübtes Gesicht?
Hast du dich etwa mit Hayate-kun gestritten?!
Ayato-kun und ...
Omi-kun ...!

Ich mach mir Sorgen! Lass hören, was dich betrübt! ♪
Ich bin doch wie ein großer Bruder.
Du kannst mir alles sagen!
Äh, na ja ...!
...!
Warum ...
... tanzt ihr beiden zusammen ...?
Ohooo?

Das ist doch ganz einfach!
Weil ich Omi so sehr liebe!
Aya, sei mal kurz still.
In meinem Fall ...
... weil wir auf das gleiche Ziel hinarbeiten.
Das hat mir Buddyz gezeigt.

Du sagst aber tolle Sachen!
Lass uns gehen.
Auf das gleiche Ziel …
In meinem Fall …
»Ich werde dich …
… auf jeden Fall übertreffen!«
… war das immer Hayate.
BRRR
BRRR
Ja?
Ach, Frau Produzentin …
Wie?

Hayate hat gesagt ...
... dass er ...
Hayate!
DOMM
DOMM
Hayate!
... beim Dance-Festival alleine auftreten wird.
Warum willst du alleine ...?
KLACK
Ah ...

GREIF
Ha... Hayate!
Warum ...?

Weil du mir ein Klotz am Bein bist!
Was?!
Ich kann mit niemandem tanzen, der es nicht schafft, seinen eigenen Tanz wiederzufinden.
I... Ich hab nun mal gerade ... eine Blockade ...! Aber bis zum Dance-Festival ...
PAMM
?!
Schau hin! Siehst du nicht den Unterschied zwischen unseren Armen?

Nicht nur du wirst noch wachsen!
Auch ich werde größer, und außerdem stärker!
Dement-sprechend wird sich auch mein Tanz verändern!
Auch wenn du mir beim Tanzen ebenbürtig bleiben willst ...
... wirst du auf keinen Fall gegen mich gewinnen!

Und du willst doch ...
... gegen mich gewinnen?!
Aber ...
... hör mal ...
Hayate, du verstehst das nicht ...
Wenn ich zu Linne gehe, dann heißt das ...

DRÜCK
... dass Buddyz ...
!
Das verstehe ich.
Genau deswegen konnte ich es dir nicht sagen.
Aus dem Grund hab ich auf dieselbe Schule gewechselt, hab dich in Schutz genommen und es damit hinausgezögert.
Aber ... ich hab mich inzwischen damit abgefunden, dass das auf Dauer einfach nicht funktioniert.

Buddyz
...
... sind Schnee von gestern.

»Kennst du Ai?
Das ist ein Odorite, der auf Smido Videos hochlädt.
Ich bin hierhergekommen, um ihn zu suchen.«
»Ich werde euch zwei als Gesangsduo groß rausbringen!«
»Ihr heißt jetzt Buddyz!«
»So viele sind gekommen, um meinen Debütauftritt zu sehen ...?!«
»N... Na und?! Bin ja nicht nervös oder so!«
FESTIVAL
FESTIVAL

»Sieh nur mich an!«
»Kann es sein, dass Ai mich nicht leiden kann?«
»Es kann für mich keinen anderen Partner als ihn geben!«
»Und der Gewinner ist ... Buddyz!«
»Auch von jetzt an werden wir gemeinsam ...«
»Wegen so was ...
... lass ich doch den Kopf nicht hängen!«
... ist er doch nicht beunruhigt!«

PAMM
»Gut gemacht!«

Früher waren wir beide alleine ...
... aber dann erschufen wir ein Duo ...
... und die Hoffnung auf eine gemeinsame Zukunft ...
... schweißte uns schließlich zu richtigen Partnern zusammen.

Hm ...
Ha!
Ha... Hayate?!
Ach so ... Wir haben dann ja besprochen, wie es weitergehen soll ...
Und sind dabei eingeschlafen ...
!
Er hat die ganze Zeit meine Hand gehalten.
Seine Hand ist ganz warm ...

Hm ...
Hast du dich entschieden?
Mist ... Sind wir etwa eingeschlafen?
Äh, ja.
Wir müssen uns für die Schule fertig machen.
Ja ...
Na ja, auch wenn du nicht mehr Ai bist ...
... heißt das ja nicht, dass wir uns nicht mehr sehen ...
Und wenn du ein Mädchen bist ...
... gibt es ja auch Möglichkeiten, wie wir für immer zusammen sein können.

Nämlich …
Äh, na ja …
?
VERBLÜFFT
Ach, du raffst es mal wieder nicht.
Also dann mal raus hier! Wir verspäten uns noch!
Äh, was?!
Jedenfalls musst du dir keine Sorgen machen.

Von nun an ...
... werde ich einfach nur dein **Boyfriend** sein und dich abholen kommen.
Und du wirst deinen eigenen Weg gehen!
Ich werde ... meinen eigenen ...
Wirst du mich unterstützen ...
... egal, welchen Weg ich wähle?
Klar.

Ich werde noch einmal versuchen ...
Linne-san
... meinen eigenen Weg zu finden.
BRRR
Äh, hallo ...
Hier ist ... Ai ...
Spreche ich mit Linne-san?

Hey, Hayate-kun!!
Was soll das heißen, Buddyz treten erst mal nicht mehr gemeinsam auf?!
Das find ich total doof!
Na ja ... Das ist etwas kompliziert ...
Ich erwarte euer Comeback!
So wird das also jetzt kommuniziert ...
Heeey, habt ihr schon gehört?! Buddyz pausieren!
Das darf nicht sein!!
Wir sollten eine Petition starten!!
In den sozialen Medien!
Ich warte auf euch!
Neeeiiin!
Kommt schnell wieder zurück!
Hayate! Ai!
Ihr hört doch nicht ganz auf, oder?!
Wir warten auf euch!
Wir warten!
Kommt schnell zurück!
Ihr ... kommt doch zurück, oder, Ai-kun ...?
Ist etwa aufgeflogen, dass sie was miteinander haben?

Ich warte auf euch!
Kommt schnell wieder zurück!
Hayate! Ai!
Ihr hört doch nicht ganz auf, oder?!
Wir warten auf euch!
Kommt schnell zurück!
Wir warten!
Shizukui-shi-chan!
Es ist Zeit fürs heutige Training!
Ich komme!

Hayate.
Ich bin auch beim Dance-Festival dabei ...
... und trete mit dem Mädel von neulich auf.
Aha.

Shizukuishi-san, ich wusste gar nicht, dass du so gut tanzen kannst!
Warum hast du das geheim gehalten?!
Wirst du wirklich beim Dance-Festival von D-Project auftreten?!
Du hast Videos mit Linne-san zusammen hochgeladen, nicht wahr?!
Ai gehört doch nur mir ...
Mein eigener Weg ...
Der Ort, an dem ich ...

... wirklich sein will ...
JUBEL
D-Project DANCE FES
Wow, das ist ja riesig hier!
D-Project DANCE FES
Bei einer so großen Open-Air-Bühne ist man als Gruppe besser dran als als Solokünstler ...
Spieße
300 Yen
600
Die Vorrunden haben schon begonnen.
Und wann bin ich dran ...?
Eingeladen
Haaayate!
Linne!

Lass uns heute alles geben!
Ja … Äh, krasses Outfit. Wird Shizuku das etwa auch tragen?
Ich will es sehen, aber irgendwie auch nicht.
Was?
Hä …?
Weißt du es etwa nicht?!
Hä? Was denn?
Und hier ist der Gewinner der Vorrunden, der sich für die Hauptshow qualifiziert hat!
Dieses Mädchen hat sie alle übertroffen!!
Mit der Startnummer 429 …

Ai Shizukuishi!
JUBEL

Wa...
Waaas ...?!
Ich hab's ihr zwar angeboten, aber sie hat abgelehnt. Sie meinte, dass sie zwar eingeladen werden, aber sich lieber in den Vorrunden selbst qualifizieren will.
Ich hab nur ein bisschen mit ihr trainiert.
TAPP
TAPP
Ich wollte es dir nur gesagt haben, Hayate ...
An den Ort ...
ACE

Buddy Go! 10 / Ende

Buddy Go!
Bonus-Stor

Ai Sieh hierher!
KREISCH
Buddyz!!
Hayate!
Zwinker mir zu! Hayate
Ai! Du bist sooo cool!
NICK
Macht noch alle bis zum Schluss mit!
Danke schön.

Jaaaaaa! ♡♡♡
KREISCH
Herzlichen Glückwunsch! Das Konzert war wieder ein voller Erfolg!
NICK
Man tut, was man kann.
Das Merchandise ist auch ausverkauft!
Das Tanzduo, das sich besonders bei jungen Mädchen äußerster Beliebtheit erfreut ...
... heißt Buddyz.
Und sie haben ein Geheimnis.
In letzter Zeit scheint ihr noch besser zu harmonieren!

Verbringt ihr vielleicht auch privat Zeit mitei- nander?
Hä?
Nein ... äh ...
Undenk- bar.!
Sag mal, ist das nicht etwas dras- tisch aus- gedrückt?
Vielen Dank für heute.
Warte mal! Du bist in letzter Zeit irgendwie komisch!
Irgend- wie bist du total abweisend zu mir.
SCHOCK

D... Das stimmt nicht. Lass mich bitte los.
Warum so förmlich?!
Ai ist ei- gentlich ein Mädchen.
Dazu kommt in letzter Zeit ...

... noch ein weiteres Geheimnis.
Aaai!
Sorry, ich hab heute ein Komiteetreffen und kann des-wegen nicht mit dir zu Mittag essen ...
Was?
ERBLEICH
Ist das okay ...?

O… Okay … Viel Spaß beim Komitee …
Ai! Nicht sterben!
Genau. Die wahre Identität von Ai des Duos Buddyz …
GUCK
… ist Ai Shizukuishi …
… und außer einer einzigen besten Freundin …
… hat sie keinerlei Freunde in der Schule.

Isst alleine
Bisher war mir das immer egal, aber in letzter Zeit ...
Hey, wenn du heute Zeit hast, lass uns was machen!
Urgh!
Wann musst du arbeiten?
Ich muss um 18 Uhr im Studio sein.
Na, dann ist ja noch Zeit ...
Da ist er ...

Ich will dich live singen hören. Wollen wir zum Karaoke?
Na, dann zeig ich euch auch live meinen Tanz!
Wow, Luxus!
SST
Ha ha ha ha!
Seit Hayate in meiner Highschool ist ...
... zeigt sich ganz deutlich, ob ich es will oder nicht ...
... wie unterschiedlich unsere sozialen Kompetenzen sind ...!

MAMPF
Wäre ich Buddyz nicht beigetreten, würde Hayate zu den Jungs gehören, mit denen ich nie im Leben etwas zu tun hätte ...
So sieht die Realität aus ...
Das sollten besser weder die Fans noch Hayate erfahren ...
Mist, ich hab verschlafen!
KLACK

Oh!
!
Morgen!
Guten Morgen ...
Das passiert auch nicht oft, dass wir zur gleichen Zeit zur Schule aufbrechen.
Du musst jedes Mal als Junge das Wohnheim verlassen und dich dann umziehen, oder? Wie umständlich!
...
Ihr Mittelschüler seid doch auch beim zweitägigen Ausflug in die Natur dabei, oder?
Da werden wir uns bestimmt oft sehen ...
Und müssen auf Linne aufpassen!
Ich will wissen ...
... wer Ai wirklich ist!

Wie verzweifelt kann man denn sein ...?!
TAPP
TAPP
Was ist bloß mit ihr los ...?
Das war ganz schön verletzend ...

Sind alle daaa?
In der Schule sind wir in unterschiedlichen Gebäuden, deswegen sind wir uns bisher kaum über den Weg gelaufen ...
Aber beim Naturausflug sind wir ja die ganze Zeit draußen ...
Kii-chan ist ziemlich spät dran ...
Was?!
124 Anrufe und 79 Nachrichten?!
Ist irgendwas passiert ...?
Aaai! Geh ans Telefon!! Ich hab 39 Grad Fieber und kann beim Ausflug nicht dabei sein!!
Jetzt geh schon raaan!!
Ich schlitze ...
... mich auf!
nn du alleine
rkommst, kan
estimmt mit d
arüber reden
reistellen lasse
Geh gefälligst ans
Mist!

Kii-chan kann nicht mitkom-men?!
N...N...N... Nichts wie nach Hau-se ...!
Ich werde mich ausdrücklich bei den Lehrern und meinen Eltern entschuldigen.
RUCK
Dann geht's los zu unserem zweitägigen Ausfluuug!
Okay, sind jetzt al-le da?!
PSCHUUH
VROOOOMM
Shizu-kuishi-san, setz dich bitte schnell hin, ja?!
Ja ...
Jetzt leuchtet es mir ein ...

Das hier ist die Hölle.
Und dann ...
Sag ich doch!
Wir schneiden das Gemüse.
Äh, und was machst du, Shizukuishi-san? Vielleicht wäschst du den Topf?!
NICK
Hast du alle drauf?
Ja, hab ich!
Los geht's!
Ich weiß, dass ich die Initiative ergreifen und sie ansprechen sollte, aber ...
... das kann ich nicht ...

Kii-chan
Alles okay?
Wenn du einsam bist, ruf an.
Ich bin auch einsam!
Die sind doch alle nett in der Klasse, ihr werdet bestimmt Spaß haben! Alles wird gut!
Meine Mum hat mich gera angemeckert, dass ich nic ganze Zeit aufs Smartph schauen soll, ha ha!
Kii-chan schickt mir die ganze Zeit Nachrichten ...
... obwohl sie Fieber hat ...
Ich darf ihr keine Sorgen bereiten!
Ich sollte ihr ein Foto schicken, auf dem ich aussehe, als hätte ich Spaß!
KNIPS
Warum hinterlässt das Foto vom Teller Curry einen Eindruck von Einsamkeit?
?
Und wenn ich mich zusammen mit dem Curry fotografiere ...?
KNIPS
Mist, das wirkt noch einsamer ...
Ha ha ha!

Oh!
Shizukuishi-san, du machst ja auch Selfies!
Hätte ich nicht von dir gedacht ...
Ich will mich in Luft auflösen!
Willst du nicht vielleicht mit uns zusammen ...
Hö? Shizukuishi-san?!

SCHRUBB
SCHRUBB
Hayate, das ist zu viel!
Ha ha ha!
Das geht schon! Schließlich hab ich die Kartoffeln geschält.
Das zählt nicht!
Das ist die Drecksarbeit!
Egal!

Obwohl er immer an meiner Seite ist ...
... sind Hayate und mein wahres Ich ...
... so wahnsinnig unterschiedlich ...

Warum steht sie denn da ...
... so alleine herum?
Ich geh kurz aufs Klo!
Jupp!
Das musst du uns doch nicht erzählen!
GUCK
Ai ... Ach, nein ...
Shizuku!
SCHRECK

Haya...

Weinst du etwa?
... kommt heraus, wer ich bin ...
Ha... Hayate, das geht doch nicht. Wenn deine Leute uns sehen, dann ...
STILLE
Das weiß ich! Deswegen ... duck dich!
PLAUDER
QUASSEL
...
Willst du Nachschlag?
Was ist denn los?
Und wo ist deine Freundin mit der Schleife?

Die ist krank.
Was soll ich bloß tun ...?
Ahaaa ...
Versteht genau, was los ist
Mein wahres Ich ...
... wird auffliegen.
PATSCH
PATSCH
Das will ich nicht.

Obwohl er derjenige ist, gegen den ich um nichts in der Welt verlieren will.
POMM
Lass mich in Ruhe ...!
Was? Warum sagst du so was ...?
Ich ... kann dir doch egal sein ...!

Dein Partner ist ...
... Ai!
Und nicht Shizuku ...!

Was sagst du da ...?
Huch?! Der Topf ist ja gespült.
Wer das wohl gemacht hat?
TUSCHEL
TUSCHEL
!!
Scheiße! Die sind alle fertig mit essen und kommen zurück!
Wenn die Shizuku und mich zusammen sehen, dann ...
Besonders Linne ...
!
Oh, Hayate, du bist ja schon hier ...
Stimmt, ich habe ...

H... Hi ...
Ai?!
わっ
FREU
Das ist nicht wahr! Ai ist hier!
Der von Buddyz!
Äh, das Wohnheim der Agentur ist ganz in der Nähe ...
Und er hat mir ein paar Sachen, die ich vergessen habe, vorbeigebracht.
POCH POCH
NICK NICK

Ich bin megaglücklich!!
Darf ich ein Foto machen?!
Ein Autogramm, bitte!
Ich weiß nicht, ob das okay ist ...
Aber da du schon mal hier bist, kann ich ein Autogramm haben?
Überaus verdächtig.
Im Gegensatz zu Shizuku ...
... werde ich als Ai hochgeschätzt.

Auch wenn es nicht mein wahres Ich ist ...
Ai in echt zu sehen war super-cool!
Ich hab ein Foto von uns gemacht!
Nicht wahr?! Schick's mir!
...

Ich kann hier nicht bleiben ...
Hayate, als Nächstes mit mir!
Du warst doch gerade erst!
Revenge!
Ich will auch mit Hayate spielen!
Und ich will eigentlich ins Bett ...
Urgh!
Okaaay, dann wähle ich einfach blind!
FUCHTEL
FUCHTEL
Als Nächstes spiele ich ...

... gegen dich!
ZEIG
Huch?!
Aber die kennen wir doch gar nicht ...
Noch mal von vorne!
Ist doch okay! Du da, lass uns Tischtennis spielen!
Hah!
Warte ... Was ...
Na los! Komm schon!

Das Mädel ist doch aus der Mittelschule. Die hat bestimmt Bammel.
Das klappt schon! Los geht's!
Hier!
PLOCK
Wie?
Oh!
PLUMM
Komm schon, nimm etwas Rücksicht ...!
Hayate ... Warum machst du das ...?

Das wird ein kinder-leichter Sieg für mich.
Sollen wir lieber aufhö-ren?
Was?
NERV
Hey ...
Seine Art macht mich rasend ...
Hört mal! Da unten liefern sich Hayate und Shizukuishi-san ein Tisch-tennisduell!
Was? Shizu-kuishi-san? Wie kommt das denn?
Keine Ahnung, aber ...

カンカンカンカン
POCK
POCK
POCK
... sie scheint alles zu geben!
POCK
POCK
POCK
カンカンカンカン
Shizukuishi-san geht ab ...
Wenn ich gegen Hayate kämpfen müsste, würde ich in vielerlei Hinsicht versagen ...
Punktemäßig liegt Hayate klar vorne ...
... aber dieses Mädel gibt nicht auf ...
Gegen Hayate ...

... will ich nicht verlieren!
Wer sagt's denn?!
Die beiden sind sich doch sehr ähnlich!
Shizukui-shi-san, gib alles!
Was ...?

Das ist der Wahnsinn, dass du dich mit Hayate misst!
Sie ist viel temperamentvoller, als ich dachte ...
Wir stehen alle hinter dir!
Wa... Was ...?
!
Jetzt werde ich ...
... als ich selbst wahrgenommen ...
Danke!
I... Ich strenge mich an ...!

Los!
Hayate, du kannst dich gegen ein Mädchen doch nicht so ins Zeug legen!
Schnauze!
Shizukuishi-san, hau rein!
Währenddessen ist Linne im Schlafsaal mit sexueller Belästigung beschäftigt.
Miki-chan, deine Brüste ...
... sind aber groß!

Ich mache mir so gro-ße Sorgen um Ai, dass ich nicht schlafen kann ...
RAUSCH
Wenn ich mitgefah-ren wäre, ginge es mir sicher besser.
Das Fie-ber geht auch nicht runter ...
PLING
RUCK
Ein Hilferuf von Ai?!
Waaas ...? Das kann doch nicht sein!

Ich hab gegen Hayate Tischtennis gespielt und verloren.
Voll ätzend!
Das ist ja super, Ai!
Ich als Ais beste Freundin bin natürlich eifersüchtig, aber ...
Ich freue mich auch für sie!
Lass uns zurück aufs Zimmer.
Ich will auch mal gegen Hayate Tischtennis spielen.
Shizuku.
Was?

Buddy Go! Bonus-Story / Ende

Bonus-Story zur Bonus-Story

Neeiin! Ich muss dahin! Ich muss zu ihr geheeen!

Kii! Wirst du wohl schlafen?! Ich nehm dir sonst das Smartphone wieder weg!!

PLING
Ah! Eine Nachricht?! Ein Hilferuf von Ai?!
Nein! Von Yunyun aus der Klasse!
Wir haben Ai getroffen!
Der ist auch in echt supercool!

Buddy Go! Bonus-Story zur Bonus-Story / Ende

Post an: ✉
Shueisha *Ribon* Editorial Office
Ms Minori Kurosaki (*Buddy Go!*)
101-8053 Tokyo, Japan

Bin bei Twitter!

@kuromino514

Langsam nimmt die Story noch mehr Speed auf und rast auf ihren Höhepunkt zu!!
Ich würde mich freuen, wenn wir uns in Band 11 wiedersehen ...!
Eure Minori Kurosaki!

An meine Managerin
Frau Suzuki
die Grafikdesignerin
Frau Sekiyama
die Redaktion der *Ribon*

Die Reihenfolge ist willkürlich!

Ueda-san
Kamiyama-san
Sainobara-san
Matsuda-san
Nico-san

An alle Tänzer und Sänger, die bei den Aufnahmen geholfen haben

An alle, die mir bei *Buddy Go!* geholfen haben

Und an alle Leser und Leserinnen von *Buddy Go!*

Habt vielen Dank!!

*bezogen auf das jap. Original

Ich hab's! Wenn man in der Hauptstory nicht oft auftaucht, dann kommt man auch nicht auf den Buchrücken!!
Na ja ...
Deswegen musst du zusehen, dass du in die Hauptstory kommst!
Was?
Warte nur auf Band 11!!

TOKYOPOP GmbH
Hamburg

TOKYOPOP
1. Auflage, 2019
Deutsche Ausgabe/German Edition

Aus dem Japanischen von Mika Friebel

Redaktion: Benjamin Spinrath
Lettering: Vibrant Publishing Studio
Herstellung: Rita Geers, Nils Bornemann
Druck und buchbinderische Verarbeitung:
CPI–Clausen & Bosse GmbH, Leck
Printed in Germany

ISBN 978-3-8420-4970-3

www.tokyopop.de

SUISAI

Moe Yukimaru

Der Klang der Instrumente fließt durch mich hindurch!

Urara ist eine begabte Leichtathletin, doch auf der Highschool sucht sie eine neue Herausforderung. Als sie zufällig das Schulorchester spielen hört, verliebt sie sich sofort in die schönen Melodien und nimmt an einem Schnupperkurs teil. Hier zeigt sie nicht nur Interesse am Spiel der Querflöte, sondern auch am süßen Saxofonisten Minato. Für Urara steht fest, dass sie ein Mitglied des Orchesters werden muss ...!

CRASH!

Yuka Fujiwara

CRASH – eine Boygroup zum Verlieben!

Da Hana sofort Nasenbluten bekommt, wenn sie jemanden mit Starpotenzial entdeckt, wird sie von ihrer Mutter, die eine Künstleragentur betreibt, als Talentscout eingesetzt. Als Hana bei einem Fest gleich fünf hoch talentierte Jungs erblickt, ist sie wild entschlossen, aus ihren Neuentdeckungen eine erfolgreiche Boygroup zu schmieden. Wird Hana erfolgreich sein oder mit Pauken und Trompeten untergehen?

KLEINE SCHÄTZE

Nana Haruta

»Ich würde für meinen Freund sogar sterben.«

Konomi liebt ihren Freund Hiro über alles, jedoch schenkt er ihr nur wenig Aufmerksamkeit. Ihrem Kumpel Hokuto geht es in seiner Beziehung ähnlich: Seine Freundin Sao zeigt ihm ständig die kalte Schulter. Konomi beschließt, bei Hokuto in die Offensive zu gehen, damit Hiro endlich erkennt, was er an ihr hat ... Diese und drei weitere entzückende Kurzgeschichten über die erste Liebe!

ERSTE KÜSSE

Mai Ando

»Wenn man sich beim Tanabata-Fest küsst, wird die Liebe ewig währen ...«

Das glaubt zumindest Chisaki und hofft, dass diese Weissagung für sie und ihren Schwarm Junpei in Erfüllung geht. Aber stimmt dieser alte Aberglaube wirklich? Ob unter dem Sternenhimmel, heimlich mit dem Sandkastenfreund oder auf dem Fußballfeld: Der erste Kuss erwischt einen immer eiskalt und schlägt ein wie ein Blitz im Sommergewitter.

EINE SÜSSE FALLE

Mai Ando

Versprochen ist versprochen!

Momo ist Managerin des Basketballklubs ihrer Highschool und trifft nach langer Zeit ihren Kumpel Jun wieder. Doch seit der Mittelschule hat er sich ziemlich verändert: Plötzlich ist er total cool drauf und sieht gut aus! Allerdings befürchtet Momo, dass Jun sie mit seinem Charme nur in eine fiese Falle locken will ...

STARLIGHT DREAMS

Miwako Sugiyama

Wie ein leuchtender Stern am finsteren Himmelszelt

Nachdem Sei es auf die angesehene Nakano-Higashi-Highschool geschafft hat, sucht sie nach einer Möglichkeit, ihrem Schulleben eine positive Wendung zu geben. Beim Anblick der Sternwarte kommt sie auf die Idee, sich fortan der Astronomie zu widmen. Die sympathischen Jungs Taiyo und Mizuki heißen Sei im Astroklub willkommen und erklären ihr alles, was sie wissen muss. Doch Seis Blicke wandern zwischen den Sternschnuppen am Himmel und den Jungs an ihrer Seite immer hin und her ...

LOVELY NOTES

Umi Ayase

Das wird die schönste Zeit meines Lebens!

Hime sehnt sich nach einer erfüllten Highschoolzeit und legt sich ein Notizheft zu, in dem sie ihre Pläne wie bei einer To-do-Liste aufschreibt und ihre Erlebnisse abstempelt. Doch wegen ihrer unbeholfenen Art erntet sie auf der verkrampften Suche nach Freunden nicht mehr als Gelächter und Unverständnis. Ob sie jemanden findet, der sie versteht und sich ihr anschließt ...?

www.tokyopop.de

LIAR QUEEN

Mizuka Yuzuhara

Unter Freunden und dennoch allein

Koharu ist froh, zwei so tolle Freundinnen wie Miku und Sawa zu haben. Trotzdem fühlt sie sich in ihrer Nähe manchmal überflüssig. Als das hübsche Mädchen Leila in ihre Klasse wechselt, möchte sich Koharu auch mit ihm anfreunden. Miku und Sawa sind jedoch neidisch auf die Neue und zeigen plötzlich Seiten von sich, die Koharu noch nicht kannte ...

RAINBOW REVOLUTION

Mizuka Yuzuhara

Lass deine eigene Stimme sprechen!

Nanas und Yuyus enge Freundschaft wird auf eine harte Probe gestellt: Während Yuyu darauf beharrt, alles mit Nana gemeinsam zu machen, möchte die kleinmütige Nana nun endlich ihre eigenen Entscheidungen treffen. Der selbstständige Mitschüler Shioka wird da schnell zu ihrem Vorbild ...

STOPP!

**Dies ist die letzte Seite des Buches!
Du willst dir doch nicht den Spaß verderben
und das Ende zuerst lesen, oder?**

Um die Geschichte unverfälscht und originalgetreu mitverfolgen zu können, musst du es wie die Japaner machen und von rechts nach links lesen. Deshalb schnell das Buch umdrehen und loslegen!

So geht's:

Wenn dies das erste Mal sein sollte, dass du einen Manga in den Händen hältst, kann dir die Grafik helfen, dich zurechtzufinden: Fang einfach oben rechts an zu lesen und arbeite dich nach unten links vor. Viel Spaß dabei wünscht dir TOKYOPOP®!